"A MIS ANIMADORAS ... SARAH, BETHANY, STACY."
—D.B.M.

Charrancito se lanza a volar
Paperback first edition • May 2025 • ISBN: 978-1-958629-81-9
eBook first edition • May 2025 • ISBN: 978-1-958629-82-6

Written by Donna B. McKinney, Text © 2024
Illustrated by Fiona Osbaldstone, Illustrations © 2024

Project Manager, Cover and Book Design: Caitlin Burnham
   Editors: Marlee Brooks and Hannah Thelen
   Editorial Assistants: Shannon Dinniman, Carmina López, Charlotte Shao, and Susan Stark
Translation by: Andrea Batista
   Spanish-language consultants: Ali Trujillo, Sofía Ramírez

Originally released in English as Tiny Tern Takes Flight
   English hardcover first edition • November 2024 • ISBN: 978-1-958629-55-0
   English paperback first edition • May 2025 • ISBN: 978-1-958629-83-3
   English eBook first edition • November 2024 • ISBN: 978-1-958629-56-7

Teacher's Guide available at the Educational Resources page of ScienceNaturally.com.

Published by:
   Science, Naturally! – An imprint of Platypus Media, LLC
   750 First Street NE, Suite 700
   Washington, DC 20002
   202-465-4798
   Info@ScienceNaturally.com • ScienceNaturally.com

Distributed to the book trade by:
   Baker & Taylor Publisher Services (North America)
   Toll-free: (888) 814 0208
   orders@btpubservices.com • Btpubservices.com

Library of Congress Control Number: 2024937201

10 9 8 7 6 5 4 3 2 1

Schools, libraries, government and non-profit organizations can receive a bulk discount for quantity orders.
Contact us at the address above or email us at Info@ScienceNaturally.com.

The front cover may be reproduced freely, without modification, for review or non-commercial educational purposes.

All rights reserved. No part of this book may be reproduced in any form without the express written permission of the publisher.
Front cover exempted (see above).

Printed in China.

Charrancito se lanza a Volar

POR DONNA B. McKINNEY

ILUSTRADO POR FIONA OSBALDSTONE

Science, Naturally!
Un sello de Platypus Media, LLC
Washington, D.C.

Los charranes árticos viven en tierras de un frío estremecedor, cerca del Polo Norte.

Cada día de verano, Charrancito, un ave joven pero fuerte, se une a otros charranes en búsqueda de comida.

¡ZUUUM!

Atrapa un insecto en pleno vuelo que zumba por el aire tibio.

Zambulléndose en aguas heladas en busca de peces para comer.

¡PLAF!

Los charranes hacen nidos en el suelo áspero y rocoso de la extensa tundra.

¡RASPA! ¡RASCA!

Ya hay huevos en este nido.

Huevitos pálidos, color oliva, salpicados con negro y marrón.

Polluelos salen del cascarón.
Se esconden. Crecen.
Vuelan. Chillan.
En los días de verano, la colonia de charranes rebosa de alborotados sonidos de aves.

¡CRII-IIRR!

¡CRII-IIRR!

Los charranes protegen los huevos y los polluelos de feroces predadores,
grandes y pequeños.
El peligro no está lejos.
Un zorro, un oso polar, una gaviota.
Un visón se escurre hacia el nido con pisadas mudas,
buscando robar un huevo.

¡ZUM! ¡ZAP!

Intrépidos charranes se lanzan en picada sobre el visón.

El visón huye, no está a la altura de sus rivales.

Los huevitos pálidos, color oliva, salpicados
con negro y marrón están a salvo.

El fin del verano se acerca.

Las horas de luz son cada vez menos.

Sopla aire frío. Amanece, anochece.

Día a día, la luz del sol se arrastra hacia la oscuridad,
a medida que la Tierra gira sobre su eje.
Poco a poco, el sol del verano se desvanece.

Un día, una quietud inesperada cubre la tundra.

Shhhhhh...

Hay charranes por todas partes, pero ni un sonido.

En silencio, se preparan para volar.

Una ráfaga de aleteos.

¡WOOSH! ¡PLAP-PLAP-PLAP!

Charrancito se lanza al vuelo como un acróbata en el aire.

Rápidamente la bandada despega de la tundra,

como una nube que se eleva en remolino hacia el cielo.

¡GIRA! ¡GIRA! ¡GIRA!

Charranes, jóvenes y viejos, inundan el aire.

Comienzan su viaje al sur.

Por detrás, la luz del sol titubea y se desvanece al caer el invierno.

Todo tiembla, gélido, oscuro, glacial.

Más allá está el calor y la luz del verano.
La bandada vuela hacia días más radiantes,
persiguiendo al sol
del Polo Norte al Polo Sur.
Un Charrancito común ha comenzado su viaje extraordinario.
El vuelo es largo.
Charrancito no puede demorarse.

Los charranes comen,

e incluso duermen, mientras vuelan.

Dormidos se alzan sobre las aguas del océano.

¡SUBE!

¡PLANEA!

¡ACELERA!

Aprovechan corrientes térmicas,
elevándose con su impulso.
El viento lleva
sus cuerpos delgados
más alto, más lejos, hacia el sur,
hacia el resplandeciente sol del verano.

Los días pasan.

Las semanas también.

Abajo, el océano, arriba, el cielo, los charranes navegan los vientos.

Lagos, montes, granjas forman un mosaico sobre el suelo. Charrancito vuela hasta que la oscuridad y el estremecedor frío ártico quedan atrás.

¿Qué es aquel oscuro estruendo?

Las nubes se aglomeran en la distancia—

¡Una tormenta se acerca!

Ráfagas de viento empujan el pequeño cuerpo de Charrancito.

¿Se perderá Charrancito en el remolino de viento y lluvia?

La tormenta lo empuja fuera de su curso.
¡WHOOSH!
¿Dónde está la bandada?

Charrancito sigue volando, hacia arriba buscando el sol, luchando contra la tormenta.

Como cometas revoloteando, la bandada llena los cielos.

Charrancito planea otra vez sobre la calma brisa,

llevado por el viento.

¡Por fin!
Se termina el largo viaje.

Estarán a salvo bajo el sol antártico.
Ahhhh...
Calor, comida, días interminables de luz.
Charrancito encuentra su descanso.
Charrancito juega en la brisa iluminada por el sol.

¡CRII-IIRR!

Todo el verano, el Antártico desborda con bullicio de aves.
Bajo un sol interminable,
los charranes duermen la siesta flotando sobre icebergs.

¡CRII-IIRR!

¡CRII-IIRR!

¡PLUM!

Los charranes se zambullen por los tesoros que ofrece el océano.

¡WOOSH!

Charrancito junta fuerzas.

Porque poco a poco la luz del verano se desvanece aquí también.

Amanece, anochece, día a día.

La luz del sol se arrastra hacia la oscuridad,

a medida que la Tierra gira sobre su eje.

En el verano antártico, los días son cada vez más cortos.

En el norte, el invierno ártico comienza a ceder.

Regresa la luz del sol.

Pronto la bandada se eleva y remonta el vuelo. *¡ARRIBA!*

Una nube agitada de pájaros apunta al cielo.

Los charranes miran al norte, buscando la luz del sol del verano. *A VOLAR!*

El viaje es largo también en la dirección opuesta.
Charrancito no puede demorarse.
Por delante tiene largas noches,
vientos feroces,
tormentas peligrosas.

Pero Charrancito no le escapa al peligro.
En lo alto, Charrancito va tras los días de verano,
persiguiendo al sol,
de polo a polo.
Charrancito empieza su viaje de regreso a casa.

Del Polo Sur al Polo Norte,
Del Antártico al Ártico,
vuelan los charranes.

Año tras año,

Viaje tras viaje,

Los charranes vuelan del Polo Norte al Polo Sur y de vuelta.

Así los charranes viven dos veranos al año,
y ven más luz solar que cualquier otro animal, de tierra o mar.
Aves, de apariencia ordinaria, que hacen los vuelos más extraordinarios.
Charrancito toca los dos extremos de la Tierra.

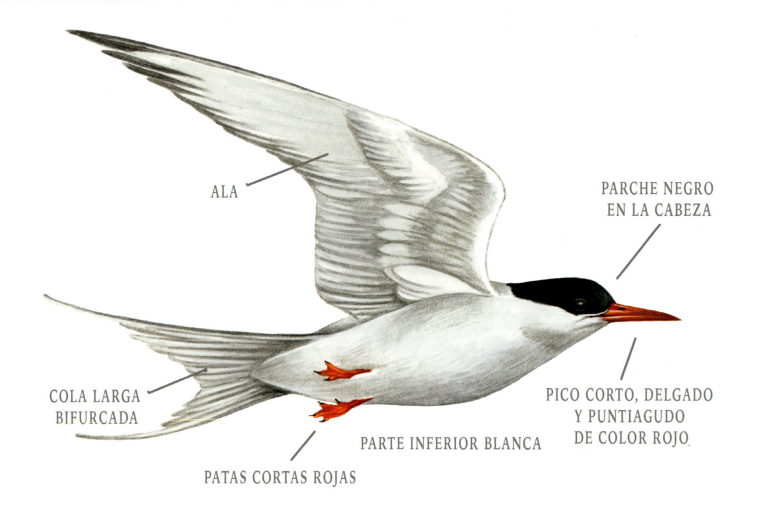

TAMAÑO DE LAS PLUMAS DE LA COLA

TAMAÑO DE LAS PLUMAS DE LAS ALAS

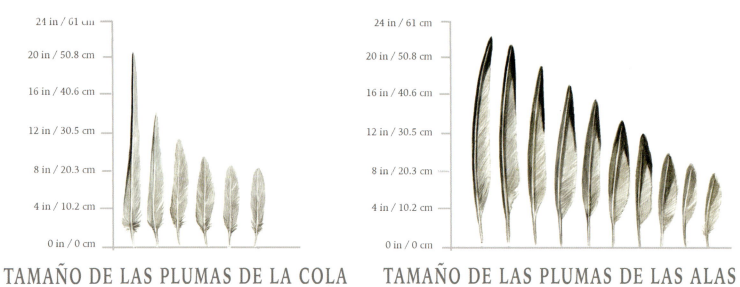

APRENDE MÁS SOBRE LOS CHARRANES ÁRTICOS

Los charranes árticos son aves marinas muy comunes. Comen alimentos comunes, como peces diminutos e insectos. Construyen sus nidos en lugares comunes, como sobre el suelo rocoso cerca del agua. El plumaje del charrán ártico es blanco grisáceo, con un parche negro azabache en la cabeza. El pico y las patas palmeadas son de un color rojo tomate. El charrán pesa alrededor de 4 onzas, o 125 gramos, casi tan liviano como una baraja de naipes o una pelota de béisbol. Charrancito es un charrán ártico joven. A diferencia de los adultos, los charranes jóvenes tienen el cuerpo más gris y la cabeza menos negra. Sus picos son de color oscuro, no rojo tomate como el de los adultos.

Todos los años, charranes comunes realizan un viaje extraordinario, volando del Polo Norte al Polo Sur y viceversa. Los científicos que estudian a los charranes árticos creen que su viaje desde la región del Ártico hasta el Océano Antártico puede ser la migración animal realizada por cualquier animal. Los científicos han equipado a los charranes con pequeñísimos dispositivos de seguimiento que registran sus viajes. Los charranes pueden volar a una velocidad de hasta 25 millas (40 kilómetros) por hora. Algunos charranes vuelan unas 50 000 millas al año, es decir, 80 000 kilómetros.

LOS CHARRANES EN EL ÁRTICO

Cuando es verano en el hemisferio norte —Junio, Julio, Agosto— los charranes viven en la región ártica, cerca del Polo Norte. Allí construyen sus nidos en la tundra rocosa, sobre pequeños islotes, o incluso sobre hielo flotante. Durante los días largos del verano, los polluelos salen del cascarón y crecen y hacen sus primeros vuelos a los 24 días de vida.

Los charranes se zambullen en las frías aguas del océano para atrapar su comida–pequeños peces, camarones, lombrices marinas. También atrapan y comen insectos que vuelan por el aire. A veces encuentran y comen bayas que crecen en la tierra.

Zorros, gaviotas, osos polares y focas son solo algunos de los predadores que podrían atacar a los charranes. Cuando son amenazados, una bandada de charranes se lanza en picada sobre los predadores para ahuyentarlos. Los valientes charranes árticos no tienen miedo de atacar a un oso polar que amenace a su nido.

Cuando el verano se termina en el ártico, la colonia de charranes se prepara para migrar al sur. De repente un día, el bullicio de los chirridos de las aves se callan. A este comportamiento de los charranes se lo llama "pavor". Después del silencio, las aves de la colonia remontan vuelo todas a la vez, en dirección al Polo Sur.

MIGRACIÓN

Los charranes no vuelan en línea recta hacia el sur. Tienden a seguir un camino errante, buscando comida, evitando grandes tormentas y volando cerca de la costa. Pueden cubrir largas distancias planeando, e incluso durmiendo en pleno vuelo. La migración toma varios meses.

Los charranes están hechos para largos vuelos. Sus

patas cortas y gruesas los hacen un poco torpes cuando caminan en tierra. Pero en el aire, usan las plumas de su cola —totalmente abiertas o recogidas firmemente— para permitirles planear, flotar o zambullirse. Sus huesos huecos los hacen super livianos.

Las largas migraciones son difíciles. Pero quedarse en la región ártica durante los meses de invierno, con sus días duros de frío y oscuridad, sería incluso más peligroso. Para los charranes, hacer estas largas migraciones es como un superpoder para la supervivencia.

LOS CHARRANES EN EL ANTÁRTICO

Los charranes llegan a la región antártica en noviembre, justo cuando empieza el verano. Pasan sus días flotando en icebergs, cazando y aprovechando el sol interminable.

Cuando el verano antártico se termina a principios de marzo, los charranes comienzan su retorno a las tierras árticas. Los vientos de cola son favorables para su vuelo de regreso. Los charranes llegan a la región ártica a finales de mayo, justo cuando el verano y los días interminables de sol comienzan.

PERSIGUIENDO EL SOL

Estos meses de verano en las regiones árticas y antárticas proveen casi 24 horas de luz solar. La luz del sol hace que les sea más fácil a los charranes ver la comida. El verano también significa un clima más calmado, haciendo que volar sea más fácil también. Por su migración, los charranes árticos siguen el sol de verano durante todo el año. Algunos científicos sugieren que los charranes ven más luz solar a lo largo de sus 30 años de vida que cualquier otro animal.

SOBRE LA AUTORA Y LA ILUSTRADORA

DONNA B. McKINNEY es autora de más de 20 libros infantiles, incluido su publicación más reciente "Lights On!" (enciendan las luces). Antes de escribir libros para niños, Donna trabajó en el laboratorio naval de investigación en Washington D.C. escribiendo sobre la ciencia detrás de la investigación sobre satélites, robots y más. Ahora vive en Carolina del Norte con sus dos perros traviesos. Cuando no está escribiendo, disfruta del senderismo, la pesca y de jugar al pickleball. Puede ser contactada en Donna.McKinney@ScienceNaturally.com.

Nacida en Kent, Inglaterra, **FIONA OSBALDSTONE** amaba pintar cuando era pequeña y solía pintar su versión propia de personajes de la ficción. Siempre quiso hacer algo relacionado al arte y fue al Instituto de Arte y Diseño de Kent. Los trabajos de David Shepherd y Norman Rockwell fueron muy inspiradores para ella por su detalle y sus estilos tan diversamente diferentes. Su obra abarca historia natural, botánica, personas, y escenarios. Fuera de su campo artístico, aunque sin alejarse demasiado de él, disfruta de la alfarería, la fotografía y el ciclismo.